뜨거운 멍

김경진

전북 순창에서 태어나《시문학》과《월간문학》신인상으로 등단했다. 시집으로《서른 살의 사랑》《나는 그리움을 타고 너에게로 간다》《나도 생리를 한다》《사랑은 낮은 곳에서 운다》《달팽이가 무섭다》가 있다. 현재 서울우유협동조합 근무 중이다.
이메일 : jk1@seoulmilk.co.kr

장현우

부산출신, 국민학교 때부터 사진을 찍기 시작하여 지금도 사진 찍고 있음. 격동의 80년대를 지나 온 사람들 특유의 인생유전을 가지고 있으나 항시 사진을 찍어 왔음. 현재, 한국사진의 힘 '사람과 사진' 지도교수, 1995년부터 사진 강의를 시작하여 오직 사진으로만 보여주고자 하는 철칙을 가지고 있음. 페이스북(www.facebook.com/brokenheaven1)을 통해 매일매일 사진을 게시, 전시하여 불특정 다수와의 사진적 교류를 즐기고 있음.

개인전
2005년 10월 인사동 가나아트〈흔적과 기억 1〉
2008년 1월 인사동 갤러리 나우〈절대풍경 1〉
2009년 6월 인사동 가나아트 디자인 뷰〈절대풍경 2〉
2009년 10월 아름다운재단 자선 사진전시회〈흔적과 기억 2〉
그 외 그룹전 다수

뜨거운 멍

김경진 시집
장현우 사진

평사리
Common Life Books

자서

바람을 향해 선다.

살면서 바람을 등지는 일이 적기를…

나에게도, 누구에게도 흩뿌려지지 않기를…

바람을 안고, 바람에 호응하면서

오롯이 나를 지켜내기를…

차례 　　　　자서 • 5

1부 접시꽃

살랑이꽃 • 12

접시꽃 • 14

용종 • 16

함박꽃 • 18

용천사 • 19

보림사 • 20

부추 꽃 • 21

자작나무 • 22

조매화 • 25

시체꽃 • 26

검은 꽃 • 28

그네 • 31

투쟁소리 • 32

연탄재처럼 • 33

선인장이 되어서 • 34

선암사 • 35

경사(傾斜) • 36

2부 사람

사람 • 38

흔들림에 대하여 1 • 40

흔들림에 대하여 2 • 41

살구나무 • 43

하루에 한 번은 해야 할 일 • 44

북새통 • 46

자화상 • 47

할인행사 • 48

저녁 • 49

단풍 • 50

밥 • 51

반짝이는 길 • 52

대령숙수의 칼 • 54

달력을 넘기며 • 55

소멸 • 56

3부 뜨거운 멍

정남진 가는 길 • 60

마흔여섯 • 62

뜨거운 멍 • 64

덫 • 66

불면 • 68

덜꿩나무 • 69

닮아간다 • 70

나이 한 살 • 71

나는 아빠다 • 72

바보 • 74

누에 • 75

겨울바다 • 76

겨울비 • 78

내의를 입으며 • 80

4부 잘 산다는 것

그대에게 가는 길 • 82

가을밤 • 84

바나나 • 85

눈발자국 • 86

걸음이 바쁜 이유 • 88

잘못 • 90

봄맞이 • 93

별비 • 94

바람의 본능 • 96

꿈 • 98

갖지 못한 것들에 대한 사죄 • 100

행담도에서의 생각 • 102

미리 쓰는 죽음 • 103

증폭 • 104

선택 • 106

빗살무늬 • 108

잘 산다는 것 • 110

1부
접시꽃

살랑이꽃

하나의 흔들림은 몸부림이다

수천, 수만의 흔들림일 때야 비로소

절정의 아름다움이 된다

오색 융단을 깐 듯 낮은 바람을 이고 펄럭이는

살랑이꽃

접시꽃

접시꽃을 보다 보면 애잔하다
밑의 꽃이 위의 꽃을 받쳐주며
둥굴둥굴 구르듯 줄기 끝을 향해 피어 올라간다
저 작은 것들도 앞서 핀 것이
뒤에 따르는 것들을 돌보려 애쓰는데
나는 누군가를 위해 진실한 마음으로
품을 내어준 적이 있느냐
누구에게 받침이 되고 싶냐
나는
누구의 접시인 거냐

용종

햇살이 부드럽게 나뭇가지에 걸렸다 새순을 내놓으라고 이
제 그래야 할 때라고 속삭이고 있는 거다 내 어깨에도 누군
가 햇살처럼 다시 삶의 봄을 틔우라고 다독여 줬으면 하고
슬픈 미소를 짓는다 댓잎이 부딪치는 사이로 잊었다고 믿었

던 옛 사람이 사려온다 사랑은 잊혀지지 않는 추억일지니 잊으려 할 일이 아니지 소쇄원의 대숲에는 잊을 수 없는 사랑이 지독한 용종처럼 항상 도사리고 있다

함박꽃

다시 잊을 게 생긴다면 당신을 만나지 못했던 시간을 잊을 것이요 다시 숨길 게 생긴다면 당신만 보지 못한 내 눈을 숨길 거요 또 후회가 되는 일이 생겨나면 오래 전부터 당신에게 다가가지 못한 못난 수줍음을 돌이켜볼 거요 한 번 하지 못하고 지나간 일은 다시는 할 수 없다는 것을 미처 알지 못했던 내가 잘못인 거요 당신은 항상 그 자리에서 숨을 쉬고 잠을 자고 깨어 앉아 있었는데도 내 귀와 눈이 밝지 못하여 당신을 찾아가지 못한 거요 이제 잊을 것도, 숨길 것도, 후회할 것도 만들지 않고

사는 동안 그리 살 거요

용천사

꽃무릇처럼 서로 만나지 못하는

상사(相思)의 붉고 푸른 그리움이

지천에 퍼져있는 용천사 대웅보전 돌계단에 앉아

흩어지는 햇살을 손등으로 받는다

가을이 깊은 숲으로 들어가고 있다

우수수 나뭇잎을 흔드는 바람이 몸서리를 친다

사라진 당간지주는 어디로 갔을까

지주대만 오롯이 서서 절간의 세월을 지탱하고 있다

눈에 보이지 않는 것들이 때론

한 세계를 지배하는 원천일 수도 있음을 새삼 알 것 같다

산책로를 따라 상사화가 서러운 운명을 고하며

새빨간 얼굴을 가을 하늘로 들어 올리고 있는

용천사에서 어긋나고 이루지 못했어도

절대 잊을 수 없는 인연들을 소중해 한다

보림사

맘 한쪽 버려두고 세상 한 귀퉁이 찾고 싶어

보림사 산문을 넘다 시절을 잊은 개나리를 만났다

다른 꽃에 자리를 내줘야 할 시간을 넘어 버티는 것은

부처의 곁을 더 지키고 싶어 하는 불심이 깊어서 인가

나무관세음보살

살며시 나도 옆에 서본다

장흥 보림사 천년 고찰에서 내 몸에 노란 꽃이

선종된다

부추 꽃

찬바람에 옹송그리고 앉아 있는 할머니의

굽은 등 위로 신산한 푸성귀가 겹쳐진다

어찌어찌 시장통 안으로도 들어가지 못하고

길가 보도블록 한 켠에 풀죽은 상추 한 소쿠리

익은 것인지 삭은 것인지 분간이 어려운

풋고추 한 소쿠리와 부추 몇 단

우유박스 위에 올려놓고 ㄱ자로 등 구부리고

부르튼 손으로 왜소한 끼니를 차리듯 얇은 토란껍데기를 까

소쿠리에 차곡차곡 얹어 놓고 있다

눈가에 그렁그렁 눈곱 떼 낼 생각도 않고

살아가는 것인지 죽어가는 것인지

저승으로 부르는 듯 스산한 노을이 내리는

시장통 들어가는 한참 옆 귀퉁이에

하루를 버티는 할머니의 부추단에 희망처럼

부추 꽃이 한 송이 새하얗게 피어있다

자작나무

눈보다 하얀 자작나무 껍데기가

한 겹 한 겹 정상에서 내려오는 산바람에

몸을 내맡긴 채 산 밑을 향해 피부를 던진다

추위가 거셀수록 겨울 숲의 귀족,

자작나무의 잎사귀 없는 가지들은

백토를 닮아간다

겨울 산의 눈이 녹지 않는 이유는

자작나무 껍데기의 잔해들이 녹은 눈의 자리를

쉼 없이 메워주기 때문이리라

발목을 덮치는 겨울 숲의 백작이 벗어놓은

털옷의 깃털을 바득, 바드득 밟으며 걷는다

강추위가 압도할수록, 센바람이 숲에서 몸을 밀어낼수록

더 꼿꼿이 흰 줄기를 뻗어 올리는 자작나무처럼

숲을 걷는 발걸음은 멈추지 못하리

조매화

비린 눈바람이 매몰차게 물결처럼 일렁이는 바닷가에서 짠하게도 피어 있는 너는 누구를 기다리고 있는 거냐 동박새가 쪼아대도 찢긴 잎 그대로 연 채 섬을 향해 서서 무엇을 보고 싶은 거냐 머리로 다가오는 사람 경계하고 가슴으로 다가오는 사람 품어 안으며 온 마음으로 버텼던 아버지 같은 꽃, 짜잔하게 피어도 볼 품 없지 않은 조매화여 붉은 아버지의 영혼이 점점이 박혀 있구나 너를 보면서 어메, 징하게도 질긴 추억에 빠진다 앞에서는 넓게 가슴을 폈으나 돌아서면 구부러진 왜소한 아버지의 등에 달라붙어 따라가던 동박새 같은 나를 본다

시체꽃

꽃이 세상을 꼬나본다

꽃의 가슴으로

꽃의 믿음으로

탐탁지 못한 썩은 향기를 내뿜으며

키를 밀어 하늘로 올리며

눈을 치켜뜨고 있다

꽃이 말한다

꽃의 언어로

꽃의 속삭임으로

살아 있어도 오감 중 하나만 벗어나면

산 취급을 하지 않을 수 있다고

죽지 않았으나 이미 썩은 냄새

시체꽃

피어도 꺾여도

꽃은 꽃의 운명을 안다

므흣하지 못해도

아로마틱 하지 못해도

꽃은 꽃이다

나와 너 같은

우리 같은

적응이 어려운 희귀종

시체꽃

시름 많은 걱정이 꽃

검은 꽃

기억을 더듬다 보면 실핏줄 속에 기생하며 나를 조정하는 독충이 있음을 알게 된다 긴 입맞춤으로 빼내도 독충의 생명력은 사그라지지 않을 것이다 임맥과 독맥을 순행과 역행을 번갈아 하며 독무를 분무할수록 미련은 길고 잡념이 빠르게 이성을 지배해온다 나를 희생하지 않고 어느 세계에서도 온전히 가질 수 있는 것은 없다 한낱 말장난처럼 영원은 미력한 순간일 뿐이고 지켜냈다 믿었던 것은 미망처럼 흩어진다 나를 달래듯 두 손을 꽉 잡고 나를 놓는다 가질 필요도 없다 지킬

필요도 없다 돌아와야 할 것은 돌아오고 가야 할 것은 죽은 피처럼 검게 쏟아진다 검은 꽃이 핀다 뇌신경을 돌아다니며 독충은 겨울 하늘을 검은 확대경처럼 키우고 검은 세상으로 나를 음각시킨다 날개가 없는 것들은 바닥을 등질 수밖에 … 독충을 혈관 속으로 이끈다 떼어낼 수 없다면 한 몸을 공유하면 되겠지 어쩌면 내가 숙주에 기생하는 것인지도 모르는 일이 아닌가

그네

흔들려야만 즐거움을 주는 것은 아니지

그렇게 잔잔한 바람에 살랑이며

정지된 듯 정적으로 쉬지 않고 움직이는

네게서 나는 곤혹스런 삶의 길도

결코 멈추지 말아야 할 존재의 가치란 걸 배운다

너는 항상 그 자리에서

기쁨을 가지고 오는 사람 유쾌하게 받아내고

시름을 가지고 오는 사람 평안한 파동으로 위로하고

어떤 사람이든 어떤 마음을 가지고 오든

차별 없이 온 몸으로 받아 주는 안식휴가지다

나도 누군가에게 너처럼 되고 싶다

작은 내 몸의 흔들림으로도 누군가의 위안이 되고

엉덩이를 걸치고 삶의 무게를 내려놓을 수 있도록

호숩게 몸을 내어주는 안락함이 되고 싶다

투쟁소리

산들바람의 뒤에서 초여름의 찬란한
기회를 놓치지 않으려 숨은 생명들이 바쁘다
소나무는 송화를 온 곳을 향해
뿌리의 힘까지 쏟아 던져내고
풀잎들은 잎 사이로 바람을 안아
하늘과 통할 소식들을 챙기느라 분주하다
앗, 소리들 천둥소리 보다 힘찬 생명의 발버둥들
사는 것은 이리도 치열한 아우성인데
굽은 나뭇가지 하나에도 힘겨운 삶의 무게가
앉아 있음을 어찌 지나칠 일인가
성하(盛夏)가 되기 전 생명들의
투쟁소리를 나는 존중한다

연탄재처럼

후진 골목 귀퉁이에서 차를 대고 쉰다

쉬어터진 몸뚱이가 초라한 골목과 닮았다

추락의 끝이 보인다

이길 수 없다면 버리고 홀가분해지자

원하지 않으며 기대하지 않으며

오직 나로만 살자

그러다 끝에 이르면 모든 걸 또 내려놓으면 되겠지

으슥한 골목에 방치된 연탄재처럼

미끄러지지 않도록 깔려 밟히는 것도 뭐 나쁘겠는가

어둠이 툭툭 떨어지기 시작한 골목에서

몸을 부수어 얼어가는 땅을 덮는다

선인장이 되어서

어디쯤 왔을까 푸른 가시를 세우고 멍 자국 같은 손바닥으로 서서 온 몸을 지탱하고 있는 선인장이 되어서 기다린다 막장의 인생은 없다 삶이 막장으로 치달을 뿐이다 때 절은 영혼의 안식을 위해 분주히 몸을 굴려본다 영감은 분광(分光)처럼 흐릿하게 잡힐 듯 흩어지기만 한다 본능은 죽순처럼 쑥 치솟았다 메마른 이성에 즉시 눌린다 시에라네바다 산맥 서쪽에서 천 년을 살고 있는 자이언트세쿼이아 숲속, 제너럴 셔먼 트리 꼭대기에 있는 듯 현기증이 난다 연약한 정신이라도 오래도록 모나고 탁탁한 시간을 살아내기를 꿈꾼다 십일월의 끝에서 벌써 따순 봄을 우직하게 부른다 때를 구분 못하는 엉뚱한 마음일지언정 추위에 얼지 않기를, 얼어도 금세 훈풍에 해동되기를, 가시를 연하게 연마하여 비스듬히 세우며 모래 속을 지나갈 물을 고대하는 선인장이 되어서

선암사

시린 하늘이 싸락이며 내려앉아 있는

산자락 자갈길을 두런두런 바람과 함께 걸었다

헤아리다 말아버린 연등의 숫자만큼이나

지고 왔던 삶의 화두도 많았지만

귓바퀴를 돌아나가는 낮은 염불소리에

그만, 곧게 하늘을 떠안고 있는 편백나무 가지 끝에

시름을 걸어놓을 수밖에 없었다

절간엔 어찌 세월이 잠들어 있을까

뒷간에선 묵은 기억들을 털어내는 소리로 부산하고

법당에 깊이 더께를 두른 추억들을 내려놓고

합장하는 사람들의 눈매가 선(善)하다

다람쥐 한 마리 해탈한 상수리 한 알

냉큼 숲에 보시하는 찰라

승선교(昇仙橋)를 돌아 나오는 바람이

신기루처럼 하늘로 올라간다

경사(傾斜)

비스듬한 산줄기가 버거운 듯 나른하게
하품을 하는 사월 햇빛 좋은 날
퍼러럭거리며 쏟아지는 용추계곡
물소리의 은어를 엿듣고 있다
혼곤했던 시간과 기억들을 내려놓으라고
혼자서 안고 갈 짐들은 한계가 있다고
산이 경사를 만드는 것은
무거운 생의 짐들을 흘려내려 하는 이유라고
계곡을 내려가는 물줄기는 나무가 품고 있었던 짐을
세상에 던지는 것이라고
물의 언어의 깊은 뜻을 나는 한가롭게 해석해본다
어깨를 비스듬히 기울이면서
그렇게 나를 위로하면서

2부
사람

사람

사랑도, 꿈도 사람만이 할 수 있는 일이라서

다가오거나 지나가도 추억으로 남는다네

삿된 욕망도, 원대한 포부도 사람만이 품을 수 있는 일이라서

절망도, 희망도 사람만이 안을 수 있는 일이라서

사람이라서 아름답고 행복하다네

흔들림에 대하여 1

흔들려야 사람이다

살아 있는 것 중에 흔들리지 않는 것은 없다

다만, 어떻게 흔들리고 일어나느냐의 차이가 있을 뿐이다

사람, 인간, HUMAN…

이 중에 사람이라는 말이 얼마나 살가운가

인간이란 언어는 두렵고 휴먼이란 단어는 적적하다

흔들림은 아프다

그러나 아픔을 넘어서려는 마음이 약이 된다

가을 햇살의 잔 떨림 속에서

명옥헌 툇마루에 퍼질러 앉아

호젓이 익어가는 단감나무의 흔들림에 빠져든다

익는다는 것은 물든다는 것이지

나뭇잎이 익어가고 산이 통째로 익어가는

색색의 흔들림들이 또 힐링이다

흔들림에 대하여 2

깊은 밤이 멈출 생각 없이 이대로 간다 멀겋게 지는 어스름 같은 어둠이 싫다 사력을 다해 달렸으나 잡고자 했던 일상의 내력은 사막의 모래처럼 바람에 흩어지고 나는 세상으로부터 흩뿌려진다 삶의 무게는 달 수가 없다 무게의 한계 앞에 짓눌린다 온전한 향기도 없다 커피향보다도 향내가 없다 왜 그렇게 살아내야 할까 우리는, 나는, 서로 어깨를 걸고 버텨내는 나무들의 직립처럼 서로의 곁을 지키면서 살 수는 없는 것일까 서로를 향해 날카로운 눈짓을 보내지 않고 어떤 것도 빼앗지 않으면서 그렇게 너와 나를 향해 흔들리며

살구나무

새순을 기다리며 가지에 물을 끌어올리고 있는

살구나무 사이로 봄을 이끌고 강물이

남쪽을 향해 부지런히 움직인다

모든 희망은 바닥에서 뽑아 올리는 것이다

강심의 단단한 의지가 겨울을 밀고 내려가듯이

몸속에 쟁여진 습관의 독을

밀고 갈 끈적끈적한 힘을 내고 싶다

정설처럼 예상된 길이 아니라

굴곡진 강줄기처럼 부딪치고 타 넘어야만 갈 수 있는

그래서 그리하여 마침내 꺾이지 않는

의욕을 가지고 있다는 것을 깨닫고 싶다

살구나무 약한 가지가 혹독하게

몸을 떨어대며 겨울을 몰아내는 것처럼

시련이 클수록 더 짱짱해지는 역행의 의지를 품고 싶다

하루에 한 번은 해야 할 일

하루에 한 번은 하늘 쳐다보기

맘속으로 실컷 욕지거리하기

오늘 안 해도 될 일은 구석에 던져버리기

내 휴대폰으로 그냥 전화 한 번 하기

"너 살아 있는 거니?"

안부를 묻고

하늘이 어떤 생각을 하고 어떤 표정인지

관심을 가져 주고

내 모습 반추해보자

하늘 아래 불변은 없고 새로운 것도 없지

맘만 급하다고 되는 건 아무것도 없어

미리 정력을 쏟는 바보짓 하지 말고 사는 것

"너 어디 아프지 않니?"

조금 아픈 건 약이 될 수도 있다는 거 알지

서둘러 겁먹지 말고

오늘은 오늘답게 살자

북새통

시장통 안에 무우청과 배춧잎이 북새통이다
찬바람이 쓸어도 쓸어도 버려진 것들은 꿈쩍도 하지 않는다
몸통과 알맹이를 잃어버리고 쓸모없어진 것들이
사람들의 발걸음에 채이고 짓이겨지며 마지막을 고하고 있다
본래 최초에 피어 올라와 뿌리와 속을 알차게 했었으나
역할을 다한 대가가 쓰레기처럼 뒹굴다 사그라지는 것이다
연하고 새파란 것들은 그래도 시래기로 거듭날 것이지만
그런 행운은 좀체 오지 않을 것이다
본체를 만들기 위해 온 힘을 다하다 보니 억세고 너덜거린다

너덜거린다
내 다리와 몸통과 머리가

자화상

물감은 조화를 떠나 쓰레기처럼 뒤엉켰다

눈시울 붉히며 찾으려 했으나 눈물 이외엔 답이 없고

죽을힘을 다했으나 죽어도 닿지 못할 단아한 배경 속의 얼굴,

나로부터 시작하는 것인데 그림 속에 나는 왜 항상 없을까

붓을 잡은 손이 힘겹게 움직일 때

주인공은 그림 밖에 있고 조연들만 있는 세상에서

그냥 나도 조연의 삶을 사는 것이 좋지 않을까

깊어지는 밤 한 구석에 고흐의 자화상처럼

그림 주변에서 역겨운 조연들의 뽐냄을 응시하고 있다

할인행사

초저녁 술에 취해 대리운전을 부르다
펄럭펄럭 존재감을 뽐내는 플래카드 앞에 멈춘다
'확장기념 할인행사'
확장! 뭘 확장하냐 이 처절한 불경기에
능력도 좋지
삶도 기어가다 멈추고
빌어먹다 죽을 거리의 인생들이 우는데
확장씩이나 배부르게 하면서
기념까지… 그러나 그 속내엔 비웃음이 난다
'폐업정리 떨이행사'라고 읽히는 건
지나친 비꼼일까 만만한 삶들은 세상을 알면서부터
줄곧 할인행사 중이었다
'나를 사달라고, 나를 써 달라고'
별들이 밤하늘을 확장해 내려오는
뒷골목 포장마차 문을 나와 대로변에서
공허한 땡 처리 술주정 중이다

저녁

생각하면 쇠비름처럼 버려져 있었다 해가 지면 잎을 내리는 들깻잎은 순리를 수그림으로 받아내며 저녁을 불러왔고 상추 잎은 진액을 쌓아 목마름을 달래는 것이었다 그러나 나는 애껏 찾아든 저녁을 물리치려 불을 밝히는 역행을 일없이 저질렀다 생각을 벗어내고 본능대로 살아야 했는데 나의 본능은 무엇인지 알기나 한 적이 있기는 했을까 뽑혀 던져진 쇠비름 같은 잡초가 스스로 되어가고 있었다 어스름 여명이 오면 다시 잎을 들어 올리고 잔뿌리로 수분을 끌어올리는 작은 것들에게서도 배워야 한다는 것을 나는 거부하고 있었다 사람에게, 자연에게, 나를 두르고 있는 배경에게 수그려야 한다는 것을 내가 알고나 있었을까 혼자서 고단을 자초한 벌을 받아야 마땅하다 문명에서 벗어나 문화가 되어야 고된 체벌에서 빠져나올 수 있으리니 문명과 순리가 융화된 것이 문화일지니 이제부터라도 저녁이 오면 깊이 머리 조아리고 나의 잘못을 시인해야겠다

단풍

단풍 든다 말갛게

내 맘속엔 큰 홍시 같은 단풍이 들어찼다

눈물겹냐 나도 눈물 난다

슬픔보다 기쁨이 크면 더

눈물겹다는 것을 알아버렸다

하늘거리는 가을 햇살 밑에서 퍽이나 즐겁다

사람이라서 누릴 수 있는

사람이라서 가질 수 있는

설레임에 눈물 난다 눈물겹다

고맙다 곁을 내주어서

가뿐히 쉴 수 있는 그늘을 만들어 주어서

황금들녘과 푸른 대숲을 가로질러

너에게로 달려간다

다시는 먼 길을 돌아가지 않기 위한

직진의 질주, 속도보다 빠른

붉은 입술의 속삭임을 향해

눈물겹다 눈물 난다

밥

새벽 네 시의 고속도로를 달린다
유리판 같은 지면을 잘 미끄러지며
바퀴는 그래도 앞으로 나간다
밤을 실어 한 끼 밥을 벌어먹는 트럭들이
졸음에 겨워 비틀거리는 도로 위에
살인의 밥벌이가 기막히다
죽음을 불사해야 살아갈 수 있다는 역설이
아무렇지도 않게 인증되는 세상이라니
어두운 도로 얼음바닥을 달려
끝이 끝이 아닌 어둠 속으로 달려간다
밤하늘은 거대한 가마솥처럼 흰 쌀밥을 퍼붓는다

반짝이는 길

나의 밤은 깊다

별빛보다 환한 나트륨 등을

잽싸게 가로질러 집으로 간다

수많은 차들이 나를 호위하며 따라온다

시동을 건 차들의 바퀴가 바쁘다

정하진 않았으나 길은 길로 연장되어져 있고

습관처럼 하나의 길을 찾아 간다

우리에겐 모두 가야 할 길이 정해져 있는 것일까

차창 밖으로 올려다 본 밤하늘에 별이

자신만이 알고 있는 길을 내며 지상으로 내려온다

지하도를 지나다 깜짝 놀란다

별이 지하차도 천장에 자리를 잡고 있다

돌이키지 못할 길을 벗어나라고

빛나며 반짝이며 웃고 있다

대령숙수의 칼

낡아 이 빠진 부엌칼이 도마 위를 총총거린다
듬성듬성 칼날이 있던 기억만 간직한 무딘 날로도
잘라내고 썰어내야 하는 몫이 있는 것이다
볼품없어도 본래의 역할을 완전히 못하는 것은 아니지
새삼스레 뜨뜻한 추억들이 묻어나고
절대 잊을 수 없는 동고동락의 시간들이
부엌 틈새 틈새마다 고여 있다
번쩍이는 날을 세우고 있는 새 칼은
서랍 속에서 손때를 기다리지만
손때에 절은 늙은 칼만이 손에 잡힌다
낡아도 녹이 슬어도 버릴 수 없는 것들이 있다
몸에서 멀어지는 순간 샅샅이 나를 기억하고 있을
분신이 말살되는 것이다
더디게 일을 하고 날카로운 움직임이 없을지라도
한 생을 같이 해야 되는 것들이 있다
이 부러진 합죽이 부엌칼이
내 삶을 재단해내는 대령숙수의 칼이다

달력을 넘기며

많은 시간들이 지금처럼 '펄럭'

단말마를 남기고 넘겨졌다

후줄근한 겨울비가 히말라야시다 가는 잎 사이로

흘러드는 2월 첫날, 우산을 어깨에 걸치고

보도를 튀어 오르는 빗방울의 파편들 사이를 걸었다

부서져서 다시 뭉치는 빗물의 흐름처럼

온 몸으로, 맘으로 살아낸 시간들이

깨지고 쳐지고 합쳐져 나를 지탱해주었다

숫자들을 본다 큰 머리 달 밑으로

검은 별과 붉은 별이 질서를 지키며 반짝인다

언제나 가장 아름답게 윤기 나는 시간이고 싶어 한다

지나간 시간들의 애틋한 추억을 딛고

달력을 넘기며 오늘의 숫자에 힘껏 눈도장을 찍는다

소멸

못난 기억들을 지운다
부메랑처럼 돌아오지 말기를
영원히 내 심장에 이르지 말기를
얻은 거 없지만 잃은 게 많은 생일지라도
미친 기억들마저 사라지기를
내가 나를 완벽하게 지울 수 있기를

3부
뜨거운 멍

정남진 가는 길

내 삶도 그랬다 미끄덩거리는 저속의 빙판길을 달리는 차처럼 흔들리며 중심을 잡으려 안간힘을 써왔다 먼저 간 바퀴의 흔적을 따라가며 조금이나마 흔들림을 줄이려 했으나 폭설은 수시로 흔적마저 지워버리고 다시 새로운 길을 내며 가야만 했다 새해 아침의 눈 폭탄을 뒤집어쓰며 정남진 가는 길, 장흥 바다는 쉽게 나를 허락하지 않을 듯 가도 가도 하얀 길

위에 있을 뿐이다 내 삶에 눈부신 푸른 길을 내고 싶었다 팔
방을 향해 달려도 어디나 내 길이 되는 광활한 바다를 내 삶
의 길로 만들고 싶었다 그리하여 젖은 담배처럼 타지 못하
고 흩어지는 삶의 지도에 이정표를 찍길 바라며 가는 정남
진 향한 길, 느린 빙속(氷速)이 애를 태운다

마흔여섯

사십여 년을 쌓아온 내 허물과 어쭙잖은 기억들을 모두 말살해주세요 새벽 찬 눈보라처럼 언 땅을 갈갈이 찢듯 동토의 갈라진 얼음이 되게 해주세요 한 번 넘어지면 표면에 댕겨붙어 살점이 떨어지지 않고는 절대 일어서지 못할 만큼 완전하게 옭아매주세요 일어나면 또 아픈 건지 귀찮은 건지 분간 안 되는 성가심에 에둘릴 것 같아 얼음에 달라붙듯 체온을 영하로 맞추고 싶어요 세상과 소통할 진실이란 얼마나 잔인해야 통할 건지 말할수록 곁이 더 붙어야 하고 두꺼워진 껍질만으로도 시베리아 혹한은 거뜬히 넘어설 것 같네요 몸통이 두꺼워지면서 알아요 어린나무 시절 서로의 품이 되었지만 사는 게 치열해지다보니 한 뙈기의 땅도 양보할 수 없게 된 거죠 나이를 더하면 너그러워진다는 거 이해만 되는 거지 몸으론 체험이 안 되는 거죠 마흔 중반을 넘는 몸살을 앓고 있네요 왜 살아야 하는지 무엇을 만들어 내고 싶은지 없다라는 어처구니없는 한마디밖에 떠오르지 않네요 허무라는 단어를 여태 웃기는 거라 여기며 살았는데 막 당도해보니 헉, 헛바람만 나네요 난 대체 마흔여섯을 뭔 짓 하고 살았나요 나를 위해서 뭘 하고 뭘 주고 살았나요 내 몸에 쌓인 건 아득바득 간직한 삶의 주독뿐이네요

뜨거운 멍

시린 하늘 아래 붉은 꽃 피었다

수많은 사람들의 심장들이 모여

저리 시뻘건 동맥들을 가지마다

뻗어내 무너지지 못하게

하늘을 떠받치고 있는 것인가

푸른 잎들은 얼마나 자신과의

싸움이 치열했던 것일까

생명을 유지시키려는 벅찬 사투를

마무리 하자마자 뜨거운 멍이

온 몸을 열 덩이로 만들고 있구나

덫

길을 항상 걷는다 내가 가고 있는 길이 나를 데리고 간다는 것을 알았을 때 나는 이미 길속에 묻혀 있다 한 걸음 한 걸음 용을 쓰며 나오려 해도 박힌 다리는 뺄 수가 없다 나만을 위해 살아왔을까 나를 위해 내가 나에게 베푼 시간들은 얼마나

충분했을까 번거롭고 허무한 삶의 일탈을 꿈꾸어 본다 그러나 다시 깨닫는다 나에게 그런 사치는 허락될 수 없다는 것을 지쳐서는 안 될 소명이 있다는 것을 가던 길에 그대로 있는다

불면

선잠에서 깨나 그냥 그대로 잠들면 좋겠는데 그게 안 될 때 아직 초저녁이란 사실이 너무 부담이 되고 흐릿했던 정신은 오히려 맑아질 때 왜 빨리 자려했는지 이유가 불분명해진다 참 어려운 명제다 답을 구할 것 같았으나 거기에 애초부터 답은 없고 동기만 있었던 것이었다 불면의 밤은 짧은 듯 길다 잡힐 듯 손에 닿을 듯 밤은 그렇게 숨바꼭질 중이다 새벽을 온 정신을 집중해 기다린다 정신이 미쳐간다

덜꿩나무

시간은 드라마처럼 순차적인 리듬을 갖고 있다

빠르게 호흡을 넘어가지 못하고

인과와 전후 상황을 그려내고 있다

앞뒤 없이 결론을 만들어내고 끝맺음을 하는 건

사람만이 하는 어쭙잖은 일이다

덜꿩나무가 센바람에 떨린다

잎을 계절에 헌납한 가지를 한사코 치켜 올리며

뿌리의 기운으로 버티고 있다

계획 보다는 지나쳐버린 추억이 더 가까운

생의 언저리에서 최후를 최초처럼 버티고 있다

눈비를 보듬어 안아 죽음의 늪을 헤치고 부활할 것이다

뿌리에 간직한 물기가 살아 있는 한

생명은 결단코 끝나는 게 아니다

덜꿩나무 차갑고 건조한 줄기를 손바닥으로 훑는다

따숩다 봄바람 같은 수액이 세포마다

세맥을 타고 흐르고 있다

살아내려면 덜꿩나무처럼 살 파고드는

겨울과 대치해볼 일이다

닮아간다

꾸부린 허리 밑으로 칼끝 같은 바람이

눈발을 밀고 들어온다

참기 힘든 소란스러움을 혈관으로 몰아온다

살아온 시간의 숨겨진 속내 안으로 들어갈수록

참 많이도 닮아간다는 것을 느낀다

얼굴 생김도 맘 씀씀이도 성질머리도

절대 닮고 싶지 않았으나 닮아버린 모양새

보고 계시는가, 분신을

흐뭇하신가 안타까우신가

터럭만큼도 기쁘지 않지만

그다지 나쁘지도 않은 이 기분의 정체는 뭔가

피의 DNA는 죽어서도 포기할 수 없는 것이었던가

아버지, 내 몸으로 들어와 살고 싶은가요

너무도 유사하게 사는 나는

비슷한 표정을 지을 수밖에요

나이 한 살

새벽 세 시의 터미널에서

무작정 목적지를 기다렸다

초췌한 얼굴들이 제각기 가려 하는

사연들을 품고 여유가 없었다

해가 바뀌면서 나는 존대를 잃어버렸다

편의점 알바에게도

매표소 점원에게도

혀가 무지 짧아졌다

얼마야… 시간 맞아…

한 살의 나이가 넓게도 퍼져

모든 사람들을 동격으로 놓게 되었다

안개 낀 새벽어둠처럼 방향 없이 짙어져

내가 가는 곳을 잊어버렸다

가야 하는 사연을 출발지에 감춰버렸다

나는 아빠다

불리면 애잔하고 눈물 나는 이름

들을수록 새록새록 각인되는 이름

나는 아빠다

모든 이름들을 다 잃어버려도

지켜내야 하는 복스런 이름

아빠다 나는

아장아장 품안에 뛰어들 때

그때 시간이 멈춰버렸으면 하고

서운해 할 때가 많지만

'나는 내 인생이 있다'며

시건방진 자아를 선언할 때는

통한의 눈물도 흘리지만

언제든 어느 때든

그래도 나는 아빠여야 한다

아빠라 불려야 한다

비바람도 처절한 땡볕도

매서운 찬 바닥도

온 몸으로 막고

가슴으로 녹여내야만 지켜낼 수 있는

자격이 주어지는 이름

누구도 주지 않는 이름

천만금으로도 살 수 없는 이름

딸들아 나는 영원불멸의 사랑만 가진

아빠다

바보

두 가지 부족한 바보로 사십칠 년을 살았다네

태를 내는 것이 모자란 모양새라고

착각하면서 점잖은 것이라면서…

표 낼 수 없는 허전함이 머릿속을 쓰리게 덮쳐왔을 때

어찌할 바를 모르고 더듬거리기만 했네

코딱지만 한 원룸에 딸아이를 남겨두고

돌아서 나오면서 와락 코끝이 부담스러웠지만

바닥을 보며 딸아이의 얼굴을 보지 못했다네

울어야 할 때 눈물 흘리지 못하는 바보라네

대학 합격 통지를 받던 날 대견해 크게 웃고 싶었지만

체통머리 지킨다고 속으로만 흐뭇해했다네

답답한 인사가 바로 나였다는 걸 알아도

기쁠 때 웃지 못하는 바보라서 얼굴 표정만 일그러뜨렸네

그래도 바보가 그리 나쁘지만은 않아

맘으로 느끼고 속으로 삭이고

아버지는 아이들에게 모두

두 가지 모자란 바보 천사라네

누에

비가 오는 늦은 밤 버스터미널 벤치에 앉아

터덜터덜 입시의 무게에 짓눌려 올 딸애를 기다린다

애써 웃음 짓고 버스에서 내려설 것이지만

그 웃음 밑에 숙이고 있는 고달픔을 안다

이 열풍의 나라에 살기 위해서는

견뎌내야 하는 천형(天刑) 같은 것이지

고치를 뚫고 나갈 때까지는 어깨에

화려한 날개가 있다는 것을 알지 못하는 누에처럼

지금은 고치를 짓기 위해 온 밤을 새우며

사각사각 고통의 시간으로 배를 채우고 있는 중이야

고치를 짓고 들어앉으면 지나왔던 시간이

얼마나 뜨거운 꿈틀거림이었는지

또다시 얼마나 많은 몸부림이 있어야

세상으로 나갈 수 있을지 알지도 모르지

작은 누에, 여섯 잠을 다 자고

몸이 투명해지고 있는 눈 큰 누에 한 마리

빗속에서 내게로 걸어오고 있는

한산한 버스터미널에서 마음의 품을 열고 기다린다

너의 날개가 펼쳐질 그 찬란한 순간을

겨울바다

밤 파도가 큰 이랑을 모래사장으로

밀어 올리고 있었네

낮지만 무거운 바람을 일으키는 겨울바다를

처녀가 다된 딸아이의 손을 말아 쥐고 걸었지

센 파도보다 더 힘센 세상 속으로 보내야 하는

마음이 한없이 허전하다네

새해를 앞둔 사람들이 밀려와서

저마다의 소원과 아쉬움을 토해내니

모두를 다독이고 치유하려는 부담이 견히 쌓여

겨울바다 파도가 센 이유가 되었겠지

십여 년 전 아장거리는 손을 잡고 걷던

모래사장은 그대로 발목을 잡아끄는데

아이는 훌쩍 세월을 받아먹고

여문 손을 빼내 자기만의 모래 발자국을 찍고 있네

성장이 때론 아비에게 뭉클한 아픔이 되기도 한다네

파도야, 새벽을 날라오는 찬 파도야

모래를 다독이듯 아이의 길 앞을 고르게 펴다오

겨울비

후박나무 가지를 겨울비가 훑는다
간당간당 매달린 푸른 추억의 사슬을 끊어 놓는다
왔던 곳을 향해 돌려놓기 위한
자연의 흐름비다

존재의 뜻을 가진 것들은 돌아갔다
새로운 몸을 갖고 다시 와야만 한다
본래의 마음과 역할은 본체든
의지했던 삶의 여백에든 놓아두고

후박나무 이파리가 빗물에 쓸려
수챗구멍으로 빨리듯 들어간다
썩는 것만이 금세 돌아올
시간을 앞당기는 것이다

'겨울비가 머리를 사납게 적신다
머리카락을 잡고 있는 집착의 끈을 놓으라고
버려야 할 시간을 놓치면 몸통까지 썩는다고'

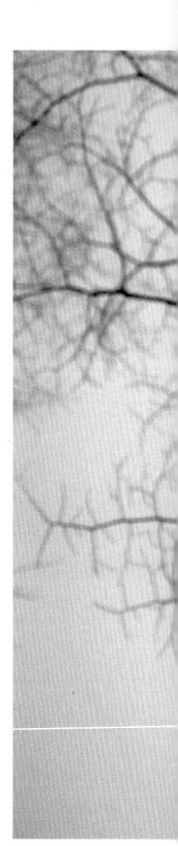

내의를 입으며

발열내의를 꺼내 입는다

강추위는 고작 시베리아 어디쯤까지 와서 대기 중일 텐데

뼛속에 바람이 들어온 듯 겨울의 초입이 벌써 춥다

어수선한 시간을 사는 모두가 그렇겠지

발갛게 익어있는 난로를 안을 듯 보듬고 살아야 하겠지

십이월 겨울은 이제 시작이고

폭설과 본 추위는 혹독해질 때를 기다리고 있다

단단히 몸을 감싼다

준비하는 것만이 견딜 구실을 만들어 주는 것이다

험한 것들은 견디는 것에 지고 말 것이다

마음속에도 겹겹이 내복을 입는다

4부
잘 산다는 것

그대에게 가는 길

바람이 알싸하게 손끝을 타고 넘어 간다
길속의 길,
길 밑의 길을 걸어
그대에게 간다

구두끈을 질끈 묶고
허리띠를 댕겨 걸고
아랫배에 힘을 불어넣고
비장한 눈빛으로
그대에게 가야만 하는 길

발을 옮기기 시작하면 되돌아 올 수는 없다
새로운 시작을 위해서는 끝이 끝이 아니듯
절망도 절망이 아니다
멍들고 터지고 싸인 절망을 옆고 그대에게 간다

지쳐 넘어져 보지 않고서는
길속에 새로운 길이 있다는 것을,
일어나 굳건히 서보지 않고서는
길 밑에서 받치고 있는 길이 있다는 것을
절대로 절대로 깨닫지 못한다

그대의 보드란 살결과 뜨거운 입술을 만나러
새벽이슬이 내린 길도
노을이 진 어둠이 짙은 길도
쉬지 않고 발을 땐다

가을밤

외로움은 견디는 것이다

서러움은 버티는 것이다

그리움은 무엇일까

버티다 견뎌내다 숨 막히는 것이겠지

달빛 파장이 스멀거리며 피부 속을

파고드는 가을이 깊어지는 밤

가로등이 돌아갈 수 없는 추억의 깊이를 집는다

추억이란 잊혀지지 않고

추억 속에 도사린 사랑은 문신처럼

깊이 새겨져 지워지지 않는다

오랜 시간을 돌아 다시 맺은

그리움에 외롭다 서럽다

그러나 견뎌내는 것보다 무뎌지지 않기를

기도하면서 산다

외로움은 흔들리지 않는 것이다

서러움은 죽을힘을 다해 살아내는 것이다

그리움은 흔들리며 끝내 기다리는 것이다

달빛과 가로등 빛이 밤의 화술이라고

소국이 깊은 밤을 환하게 밝히고 있다

바나나

주렁지게 줄줄이
새겨진 노란 추억들,
윤기가 난다

본래 파랬으나
노래진
껍질 속의 흰 속살

벗겨진 추억이
얼빠져 변해버린
하얀 몸통

누런 눈물 흘린다
버틴 만큼 버팅기고
살아야 하는
나와 같다

나다, 나
샛노란 색으로 멍든
바나나

눈발자국

소복이 쌓인 눈 위에 족적을 찍는다

발자국이 없는 새로운 길을 가기 위해

안간힘을 쓰던 적이 있었지

새삼스런 기억이 되어 버린 청춘

앞에 간 사람들의 흔적을 따라 조심조심 걷는다

이제 넘어지면 많이 아플 테니까

어쩌면 일어나지 못할 삶의 골절이 겁나거든

책임져야 할 게 많다는 것은

무모한 사심을 버려야 한다는 것이겠지

걸음이 바쁜 이유

낯선 길에도 가을 지는 나뭇잎들이

바쁜 시간을 고하고 있다

길 위에 사람들은 항상 어딘가를 향해

부지런히 발걸음을 옮긴다

사람의 운명인 듯 목적지는 누구에게나 있나 보다

은행잎이 바람을 타고 뒤를 따른다

흩날리는 게 목적인 은행잎을 따라

나도 걷는다 걷는 것 자체가 목적인 나는

길 위에 놓인 사람마다의 표정을 살핀다

굳건히 서 있는 건물들처럼 굳어 있는 표정들

팔짱을 낀 젊은 연인들 외에는 딱히

행복한 인생들이 보이지 않는다

철이 들었다는 것은 웃을 수 없다는 것의

등식이 만들어진 것일까

저마다의 무게를 감당하기 위해 고요한

자신과의 전투를 이어가고 있겠지

가을은 싸움의 결과를 떠안아야 하는 시간이다

목적지에 다다르지 못한 사람들의

걸음이 바쁜 이유다

포도 위에서 나도 가을처럼 진다

잘못

아직, 내가 당신을 사랑하는 것은
기다림의 끝을 보았기 때문입니다

아주 아주 멀리 돌아
눈가의 주름을 펴듯 이별의 순간을 펼쳐봅니다
그때는 왜 그랬을까요
이해하지 못할 사연도
용서하지 못할 책망도 아니었는데
청춘은 사소함을 확대시키는 돋보기인가 봅니다

아직, 내가 당신을 은혜 하는 것은
눈비 내리는 날처럼 혼란하기 때문입니다

주책없이 오락가락 떨리는 마음을

다잡아 보지만 당신으로 향하는 한 가닥

주름을 끊어내지 못합니다

이제는 알겠습니다

이해할 이야기도

잊어버려도 될 부딪침도

다 나만의 스토리였습니다

당신은 줄곧 그 자리에 있다는 것을

깨닫지 못한 내 잘못이었습니다

지금도 그래서 당신을 좇고 있습니다

봄맞이

파란 게 눈부신 날이 있습니다

푸를수록 아름다운

봄날의 하늘을 머리에 이고

낮게 봄을 사립니다

바람은 푸근하고

햇살은 소슬소슬 흘러갑니다

내 서늘한 한적함에 잠깐 놀라는 사이

외로움이 달아납니다

눈을 감아 봅니다

사륵사륵 강물이 귓가에 속삭이는

물의 언어, 시공을 넘나드는 생명의 소리가

몸속으로 들어옵니다

별비

밤이 오면 오다말다 자각하지 못하게 하는 가을비 속으로 들
  어간다
여울 같은 어둠은 잠 사이의 혼몽한 바다로 흘러들어 가고
별이 내리는 별비의 하늘 중앙에
떨궈내지 못한 붉고 진한 입술 하나 떠있다
죽을 것만 같았던 시간의 홍수가 쓸어낸 자리엔
다시 거슬러 올라가야만 하는 늪이 발목을 잡아 끌어들이고
절대로 절대로 놔주지 않는다
어둠이 오면 형광의 빗속으로 들어간다
빛이 비처럼 수직으로 내리는 시월의 마지막 날의 거리를
나는 혼자서 바람처럼 서걱이며 걷는다
봄날의 꽃이 떨어지듯 나뭇잎이 후두둑 등짝에 달라붙고
발끝부터 사타구니까지 격정의 추억이 붙어
돌아서지 못할 끈이 되어 묶는다
그리고 다시 머리부터 사타구니까지 되살리지 못할 인연을
  품는다
그대 혹 기억할 수 없는 섣부른 꿈에만 왔다
사정 봐주지 않고 떠났는가
나는 그렇게 그럴 수밖에 없다 짐작만 한다

모습을 바꿔서 목소리를 달리해서

내 주변을 둘러싸고 있다고 믿는다

바람의 본능

나로부터 바람이 만들어 졌었다

달빛마저 뚫고 바람은 거침없이

세상을 향해 내달린다

고난을 만드는 것도 고난을 벗어나는 것도 누구일까

빠르게 공간을 뚫어야 할 때다

가야 할 길을 멀게도 지근에 놓는 것도 누굴까

역시 답은 나다

바람이 세상을 투과하고 내 속으로 불어온다

험한 것은 밖이 아니라 내 속이라고 일러준다

차갑게 머리를 식힌다

십일월 늦은 밤 달빛에서 모락모락

김이 나는 이유는 뜨거운 것뿐만이 아니라

차갑고 너무 추워서도 난다는

역설적 진리를 알려주기 위해

제트 기류를 타고 나를 숙주로 기생했던 바람이

나를 타깃으로 본능처럼 돌아온다

꿈

꽃터널에 갇혀 꽃 같은 꿈을 꾼다
짠 냄새 사랑사랑 불어오는
광양 포스코 앞 바닷길에서
봄물이 오른 내 몸을 가볍게 내려놓고
마음이 흐드러진다
산다는 건 어디선가 가끔
이렇게 흐드러지는 것이지
꽃이랑 사이 빈 벤치를 혼자 독차지 한 채
바다의 마음을 품을 수 있을
이런 때가 다시 언제 올 수 있을까
벚꽃 사이에서 나만의
소소한 봄을 고스란히 지키고 싶다

갖지 못한 것들에 대한 사죄

뭐든 가지려고 했던 삶에게
이제 용서를 구한다
내려놓는다는 것이 얼마나 어려운지
알고 나서야 오히려 쉬워지는
역설의 평상심이라니…
이루고자 하는 것이 많을수록
욕망을 덜어낼 줄 알아야 한다는 것,
얻고자 하는 것이 깊을수록
집착을 끊어내야 한다는 것을
새벽녘, 이른 가을 추위가
요란하게 만들어낸 서리바람에 속절없이

떨어져 내리는 나뭇잎에게서 배운다

혹여 미려한 미소를 가장해 숨긴

욕심을 넘치게 품고 있다면

지금 내가 가진 것들이 아직도

얼마나 많은지를 돌아보라고

사각사각 낙엽이 발밑에 깔린다

미안하다 필요도 모르면서

과욕의 덫에 걸렸던 갖지 못한 것들아,

사랑한다 가졌었다는 이유만으로 무시당했던

이미 이뤄진 것들아

행담도에서의 생각

졸음 때문에 행담도 휴게실로 들어갔다 퍽퍽 쌓인 눈
차바퀴가 눈에 빠져 못나오는 황당한 그때
젊은 남녀가 내 차를 본다
참, 한심하다 쳐다본다
조그만 눈 언덕도 못 가는 차, 대한민국 차의 한계라고…
조심조심 빠져 나와 커피 한 잔 손에 들고 왔더니 난리다
그 여자 긴 부츠 신고 뒷바퀴에서 쏘아대는
흙탕물 뒤집어쓰며 차 밀고 있더라
내 차, 국산차 겨우 빠져 나온 자리
그 차 BMW, 생긴 것도 미끈한 외제차 용쓰고 있는
행담도 휴게소, 눈 안 치워서 애국 하더라

미리 쓰는 죽음

수북이 쌓인 낙엽 위에 주검처럼 눕는다

센 바람에 흩날리는 낙엽에 맞는 어깨가 아프다

살았다는 기억이 없다 기억이란 잘게 잘게 흩어져

결국엔 안개처럼 소멸하는 것인가

피라미처럼이 아니라 피라냐처럼 살아야 했을까

강철 같은 이빨로 세상을 물어뜯으며 덤벼들었다면

살아왔던 시간들이 떠오를까

갈 때는 올 때 터뜨렸던 울음 같은 건 없이 고요하기를

풍장을 시도하고 싶으나 그럴 수 없다면

가장 빠른 시간 안에 불가마 속에서 가루가 되고 싶어

장례라는 헛된 예식은 필요 없다네

강이나 호수가 보이면 더는 바랄 게 없는 아담한 언덕

키 작은 나무 밑에 거름으로 뿌려졌음 하네

도란거리는 아이들이 놀다 가도록

나무를 키워 그늘을 만들 수 있기를

나의 마지막은 소박하고 번거롭지 않게 그렇게

증폭

한 번도 중심에 서 본적이 없다

변방을 돌아다녀도 서운하지 않았다

존재는 있다는 자존감으로 충분하다 생각했다

두드러진다고 잘 살고 있다는 것은 아니지 않은가

없는 듯 있는 작은 숨소리로 족하길 원했다

그러나 중심을 벗어나면 하찮은 존재가 되고

잊혀진 모서리가 되고 짓밟히고 만다

중심을 이루는 것들은 생각의 범위가 협소하다

편협한 세계만이 자본이다

공감을 뒤로하고 자신과만 타협한다

나는 소외를 덮어주는 이불이 되고 싶다

턱 높은 벙커샷을 하듯 모래를 이해하고 어루만지면서

트러블 상황을 탈출하고 싶다

한 방보다 잔 펀치로 게임의 끝을 가고 싶다

잔잔한 멘탈로 중심에 깃대를 꽂고 있는

핵심들의 뒷다리를 걸고 싶다

주변이 약한 것이 아니라 폭넓은 아량의 범위가

넓어진 것임을 보이고 싶다

그리하여 평범한 힘들이 중앙을 존재케 한다는 것을,

세상을 이루는 넓이는 변방이라는 것을

증폭해내고 싶다

선택

절대 다시라는 말은 기억하지 말 것
죽을힘을 다했다는 자위도 하지 말 것

멈췄다 가고 가다 멈추기도 하고
돌아서기도 하고 자빠지기도 하고
그리 산 거지 그렇게 살고 있는 거지

녹아가는 눈을 밟으며
얼어가는 눈에 미끄러지며
생이 한순간에 갈릴 수 있다는 것을 보게 됐어
사그라지든 딱딱하게 위협적이든
다른 선택이 어떤 생을 만들 수 있는지

동경하지 말 것, 배척하지 말 것
그대로 죽음 직전처럼 살 것
나 아닌 다른 인생으로 살아볼 것

빗살무늬

25층 아파트 베란다에는 날개가 있다

난간을 집고 고개를 떨굴 때면

때때로 축적된 날갯짓의 욕구가 어깨에 돋아난다

온 공간을 무더기로 메꾸고 있는 안개가

12월의 새벽을 가늠케 한다

푹신한 하늘이 비행(飛行)을 부추긴다

서로 육박전, 진흙탕 싸움을 마치고 오야붕을 정하지도 못한 채

쓱쓱 더러워진 옷을 털고 나서 함께 어깨를 걸고

구린 땀 냄새보다 더 구린 푸세식 화장실 문을 바라보며

처음으로 담배를 피우던 비행(非行)의 순간처럼

감지할 수 없는 설렘 같다

종종 인터넷 검색순위에 올라오는 아이들의 날갯짓을 보면서

외로움은 견디는 것이 아니라 추락하는 것임을 안다

바위를 깨는 듯한 소리와 함께 욕구는 땅 위에 널브러질 거란 예견이

찌르르 전율을 몸속에 골고루 심어놓는다

잉게보르크 바흐만은 왜 추락하는 것들에게 날개를 달아주었을까

날개는 비극적인 로망인가

공중에 날개들이 부유한다 견디지 못한 외로움을 던져버린 어린 날개들에 새겨진 빗살무늬, 날지 못한 사선의 추락들

잘 산다는 것

칠 년 동안 시를 버리고 현실 속으로 파고들었다 치밀어 오르는 비린내를 꾹꾹 참아 되넘기며 사는 사람들 속에 섞였다 시는 현실 안에서 치열하게 싸우는 것이라고, 단련시키고 단단해진 가슴에서 비로소 참된 시가 나온다고 믿었던 적이 있었다 그러나 현실 안에 있는 시간이 길수록 무서운 질서가 세상을 지배한다는 것을, 질서의 틀을 벗어나면 죽도록 큰 아픔에서 벗어날 수 없다는 것을 알아갈 뿐이었다 현실 속에서 시를 쓰게 되는 것이 아니라 현실을 벗어나기 위해 시를 쓰는 것이란 것을 알았다 이제 다시 시를 쓰면서 버렸던 것들 외면했던 것들을 줍고 마주한다 잘 산다는 것은 참아내고 견뎌낸다는 것의 다른 이름이다 변기에 앉아 오랜 시간 끙끙대다 개운치 못하게 나오는 것처럼 시원치 못한 답을 품고 사는 게 잘 사는 거다

사진목록 ⓒ 장현우

p4, 대관령, 2007	p51, 분당 율동공원, 2008	p90~91, 제주, 2008
p12~13, 강화, 2010	p52~53, 양수리, 2007	p92, 프랑스, 2009
p15, 용인, 2007	p56~57, 제부도, 2008	p96~97, 부안, 2009
p16~17, 담양, 2008	p60~61, 태안, 2008	p99, 서울, 2009
p23, 무주, 2010	p63, 서울, 2011	p100~101, 남이섬, 2005
p24, 쌍계사, 2013	p64~65, 서울, 2011	p105, 담양, 2010
p28~29, 강화, 2007	p66~67, 몽골, 2005	p106~107, 속초, 2007
p30, 서울, 2007	p72~73, 제부도, 2008	p109, 서울, 2012
p38~39, 제부도, 2008	p76~77, 추암, 2010	p111, 분당, 2013
p42, 갑사, 2006	p78~79, 분당, 2013	표지·도비라, 올림픽공원, 2012
p44~45, 우음도, 2010	p88~89, 경주, 2010	

뜨거운 멍

초판 1쇄 발행 2013년 5월 30일

지은이 김경진
펴낸이 홍석근
기획 김정호
편집 이부섭
펴낸곳 도서출판 평사리
등록번호 제313-2004-172호 2004년 7월 1일
주소 서울시 마포구 서교동 475-13 원천빌딩 6층
전화 02-706-1970
팩스 02-706-1971

ISBN 978-89-92241-43-4 03810

ⓒ 김경진, 장현우
이 책의 저작권은 저자와 사진가에게 있습니다. 서면에 의한 저자와 출판사의 허락 없이 전재와 복제를 금합니다.

* 가격은 뒤표지에 있습니다.

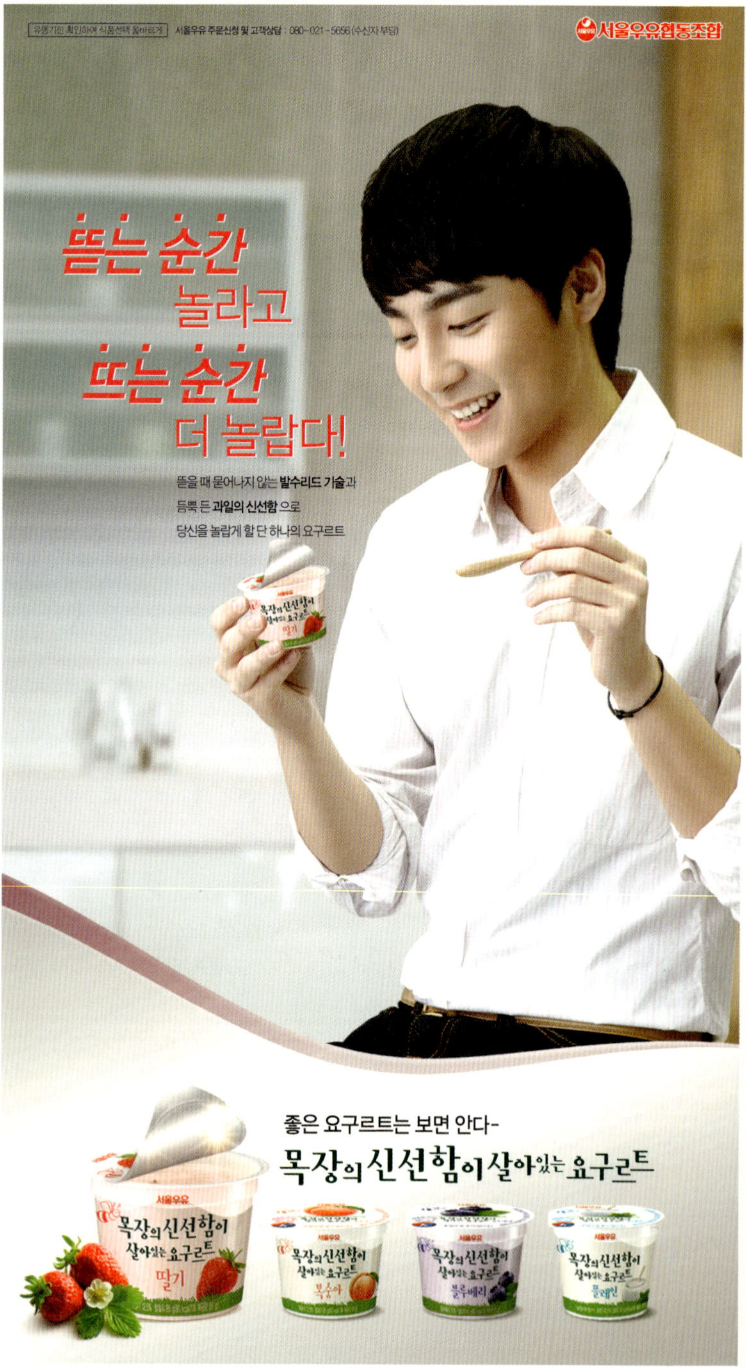

유통기한 확인하여 식품선택 올바르게
서울우유 주문신청 및 고객상담 : 080~021-5656 (수신자 부담)
서울우유협동조합
뜨는 순간
놀라고
뜨는 순간
더 놀랍다!
뜯을 때 묻어나지 않는 발수리드 기술과
듬뿍 든 과일의 신선함으로
당신을 놀랍게 할 단 하나의 요구르트
좋은 요구르트는 보면 안다-
목장의 신선함이 살아있는 요구르트
서울우유
목장의 신선함이 살아있는 요구르트
딸기
복숭아
블루베리
플레인

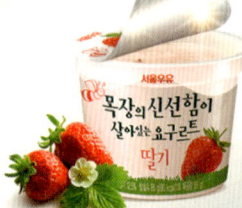

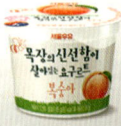

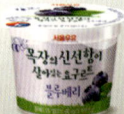

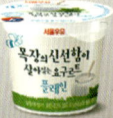